SARGAZO
SARGASSO

SARGAZO
SARGASSO

POEMS BY
MARJORIE AGOSIN

TRANSLATED BY
COLA FRANZEN

WHITE PINE PRESS

Translation ©1993 by Cola Franzen

Acknowledgements:
Earlier versions of these poems have been published as follows:
"She preferred to look . . ." / "Prefería ver . . ." [now retitled
"Frontiers" / "Fronteras"]; and "Evenings" / "Vísperas"; in 13th
Moon, vol. X, nos. 1 & 2, 1992;
"A Woman Sleeps on an Island" / "Una mujer duerme en una isla"
in Ms. Magazine, vol. 11, no. 2, 1991;
"Ports" in Agni 34, 1992;
"Dolphins" / "Delfines" in the anthology Literary Olympians 1992,
Ford-Brown & Co., Boston, 1992; and
"Returns" / "Retornos" and "The Seaside Ladies" / "Las damas del
océano" in Rethinking Marxism, vol. 6, no. 1, Spring 1993.

Publication of this book was made possible, in part, by grants from
the New York State Council on the Arts,
the National Endowment for the Arts, and Wellesley College.

Cover art ©1993 by Heteo Pérez

Book design by Watershed Design.

Printed in the United States of America.

ISBN 0-877727-29-6

First Edition

9 8 7 6 5 4 3 2 1

Published by
White Pine Press
10 Village Square
Fredonia, New York 14063

Para Cola Franzen
Aunque nunca la he visto nadar,
yo sé que es de agua y estos poemas
son el sargazo de sus andanzas.

For Cola Franzen
Although I have never seen her swim,
I know that she is water, and these poems
are the sargasso of her wanderings.

OUTCROP OF WATER /UN ROQUERIO DE AGUA

ISLANDS / ISLAS

SARGAZO
SARGASSO

UN ROQUERIO DE AGUA
OUTCROP OF WATER

PRESENCIA

Con mirada de astro, húmeda y tibia,
cabellos parecidos a los perdidos
peces fosforecentes,
manos de ola,
violenta de caminar,
salvaje en las preguntas
oscura, azulada
soy, como lo que regresa,
como lo que
renace hasta
deshacerse
en agua.

PRESENCE

Glance of a star, humid and tepid,
hair like lost
phosphorescent fish,
hands like waves,
violent in movement,
untamed in questions,
dark, bluish,
I am like whatever comes back,
whatever is reborn
to be undone
in water.

Me supe sabia,
cuando dejé de preocuparme
de la textura
iracunda de mi piel
o de las hazañas del amor.
Comprendí con
certeza que debía pasar
mi vida entera
aprendiendo a mirar al mar
y en la oscuridad de los sargazos,
inventar el nombre
de las estrellas.

I knew myself wise
when I stopped worrying
with the angry texture of my skin
or the exploits of love.
Then I understood clearly
that I should spend
my entire life
learning to see the sea
and amid the dark sargasso
invent names
for the stars.

TOCANDO EL CIELO

Más importante que recordar
los nombres
es saber que la felicidad y el sosiego
están a la orilla,
los pies
casi tocando el agua
que es el cielo.

TOUCHING THE SKY

More important than remembering
names
is to know that happiness and tranquility
lie at the shore,
the feet
almost touching water
which is sky.

PUERTOS

Tenía mirada de fondo de puerto,
como extraviada y llena de comienzos
caminaba hacia los muelles
alejándose de ciudades y centinelas
aguardando
la llegada de ausentes,
las tinieblas del aire mismo,
y ella hasta el alba en los días de fuego
aguarda,
y el amor se denuncia en sus ojos de agua,
semejante al aire, a la tristeza
a esa temible inocencia de las esperas . . .

PORTS

She had the look of a seaport
as wandering and full of beginnings
she walked toward the quay,
away from cities and sentinels,
awaiting
the arrival of the absent,
the darkness of the very air,
and until dawn on the days of fire
she waits,
love revealed in her eyes of water,
similar to air, sadness,
that terrible innocence of waiting . . .

EXTRANJERIA

La extranjera
pide un trago
de agua,
un trozo de tierra.
Flotando en la intemperie
de su destierro
el agua la acerca
a la vida de su mundo inventado
y conjura una isla pequeñísima
haciendo un mapa,
geografías,
tatuajes de sus
dolores.

ALIEN

The foreign woman
asks for a drink
of water,
a bit of earth.
Floating, exposed to the elements
of her exile,
water brings her close
to the life of her imaginary world,
and she conjures a tiny island,
making a map,
geographies,
tattoos of her
sorrows.

VEJECES

Las viejas encaminándose
hacia el mar
con su piel de las noches hondas,
las viejas
se acercan al mar,
cada una de ellas
en la espesura del frío
en el dolor
de huesos atávicos,
danzando danzante sobre
las olas,
míralas como se acercan
entumecidas al mar
estas viejas
y parecen deshacerse
en los golpes de las olas.

GROWING OLD

Old women making their way
toward the sea,
their skin of deep nights,
old women
approaching the sea,
each one
the density of cold,
the pain
of atavistic bones
dancing, dancingly over
the waves,
see how they come near the sea,
the stiff old women,
and seem to dissolve
in the beat of the waves.

LAS DAMAS DEL OCEANO

Las damas del océano retornan en los veranos y en las terrazas enmascaradas, se juntan para contarse y entre los sonidos del atardecer más parecido al crepúsculo, ellas hablan de las ciudades sin mar. Otras reconstruyen los rescoldos de la guerra, confiesan la paz falsa de la viudez.

Las damas del océano, con sus guantes de olor a cielo, entre las rocas se escuchan y los curiosos encantados se dejan caer, sobre, entre las rocas, para oírlas.

El verano es una gran palabra que las cobija y el mar las hace resonar entre las soledades.

THE SEASIDE LADIES

The seaside ladies come back in the summertime, gather on curtained terraces to exchange news, and among the sounds of a dusk more like a dawn, they speak of cities with no sea. Others fan the embers of the war, admit the false peace of widowhood.

Among the rocks, the seaside ladies, their gloves smelling of sky, listen to each other, and the curious, enchanted, scatter and settle among the rocks to overhear.

Summer is a vast word that shelters them, and the sea echos in their solitude.

DEMENCIAS

Trastornada
junto a brumosas letanías, ella
arma viajes,
destapa pertenencias:
aquel cofre de hojas secas
semejantes a las celebraciones falsas
la manta magenta,
traída de los mares de Odesa,
dos o tres fotografías
para acariciar
para acercarlas al cuerpo roto
de cicatrices destempladas.

Y así escondiendo en diluidos paquetes
las efímeras historias,
mientras las botas doradas del terror,
se acercan anunciando
la hora de la muerte,
la hora de los tiempos de la ira
manca,
ella deja atrás
al mar negro
de sus vivencias
se hunde.
Todo es agua.
Salvaje.
Viva.

MADNESS

Deranged,
with misty litanies she
constructs voyages,
uncorks belongings:
that chest of dry leaves
resembling a mock celebration,
the magenta blanket
brought from the seas of Odessa,
two or three photographs
to caress,
to bring close to the broken body
with its untimely scars.

And thus, concealing the ephemeral
stories in flimsy packages
while the gilded boots of terror
approach, announcing
the hour of her death,
the hour of angry
maimed times,
she leaves behind
the black sea
of understanding,
sinks.
Everything is water.
Wild.
Alive.

IDIOMAS

Como un oleaje perpetuo, fragante,
ella hace los sonidos del mar.
Inclinada se extiende y así
suspira como si fuera una resaca delgadísima,
como si fuera una palabra de ausencia.
Entonces en el lienzo del silencio
y en la misma orilla del tiempo,
ella se inclina toda desnuda y desnuda
se mira con el rostro
del agua en sus palabras.

IDIOMS

Like a perpetual, sweet-smelling surf,
she makes the sounds of the sea.
Bent over, she stretches out,
sighs as if she were a reed-thin tide,
as if she were a word of absence.
Then, on the canvas of silence
and on the very shore of time,
she bends over, naked, and naked
regards herself with the face
of water in her words.

HUERFANAS

Se veían desmasido hermosas,
y se veían desde esos ataúdes arrastrándose
en luminosidades
y parecían salidas de una abertura ventosa.

Y algunas las confundían con las orillas
y las piedras
y las piedras se mezclaban
en un solo roquerío
de mareas agitadas.

Esperaban en las mareas bajas,
la llegada del hijo,
o del hijo parecido al hijo
o el hijo de aquellos
flotando en cavidades,
abajo del mar.
Encontraron
trozos de carne
borrados por la ira de los hombres
sin los recados de la profundidad.

ORPHAN GIRLS

They looked too beautiful,
as though, from inside coffins,
they were being drawn
into brightness,
newly emerged from a windy crevice.

Some mingled with the shores
and the stones,
and the stones merged
into a single rocky mass
of agitated tides.

During low tide, they awaited
the arrival of the child,
or the child similar to the child,
or the child of those
floating in caverns
beneath the sea.
They found
pieces of flesh,
erased by men's wrath,
bearing no messages from the deep.

FRONTERAS

Prefería ver el mar de las extranjerías,
imaginarlo
en las tierras de otros
y en los atardeceres del azar,
se perdía en los puertos llagados.
Llevaba en los hombros, los grandes lienzos de nieblas,
y en las huerfanías,
pensaba en los mares de su casa
y su boca
es una herida
sin banderas.

FRONTIERS

She prefers to look at the seas of foreign lands,
to imagine them
in the worlds of others,
and in the late evenings of chance,
she loses herself in their scarred ports.
She bears on her shoulders enormous cloud-like sails,
and in desolate places
thinks about the seas of her home,
and her mouth
is a wound
with no flags.

VISPERAS

Como en un delirio,
ella aguarda
las vísperas
del mar.
Y encendida diurna y diáfana,
se extiende sobre esa ventana
tan inmensa de azules
entonces recoge en la visión del agua
los gestos de la mar.

EVENINGS

As in a delirium
she awaits
the evenings
of the sea.
Each day, aflame and translucent,
she leans out of that window
bulging with blues
and gathers in the vision of the water,
the gestures of the sea.

SIETE PIEDRAS

Hoy recogí
siete piedras
parecían pájaros y huérfanas
en la arena difunta.
Las miré,
como si fueran obsequios
de tiempos raros,
como si fueran
siete viajeras amenazadas.

Me acerqué maga,
y así muy dulce,
las humedecí
con mis mejillas.

Quise ser
siete piedras
en mi tez,
por un instante ser muy lisa y ronca
para que alguien me recoja
y haga de mí, hendiduras con la voz
de un viento humedecido.

Quise que
me recojas
me beses,
para ser piedra del río
en tu boca de estuarios.

Guardé en mi delantal
las siete piedras,
hacían una loma
en mi mano
eran en mis historias
de ausencias
un sonido enmohecido.

SEVEN STONES

Today I picked up
seven stones
resembling birds and orphans
in the dead sand.
I looked at them
as if they were offerings
of uncommon times,
as if they were
seven endangered travelers.

Like a sorceress, I came near
and very gently
moistened them
against my cheek.

I wanted
to be seven stones
inside my skin,
to be, for an instant, very round and smooth
so somebody would pick me up
and make clefts in my sides
with the damp voice of the wind.

I wanted
you to pick me up,
to kiss me,
so I could be a river stone
in your estuary mouth.

I keep the seven stones
in my pocket.
They make a mound
in my hand
and in my stories
of absences,
a mossy sound.

LA BALLENA

Extraviada como en los sueños del amor,
había llegado la ballena
enigmática, trastocada
por su capa azul de deseos,
y comencé a comprender sus dientes
que parecían una enredadera de collares
donde se guardaban las profecías.

Jonás, no quise ser,
pensé que sería más que maravilloso
viajar en la sedosa azulada carne
de la ballena
flotar híbrida
entre los sargazos
junto a las malezas del mar.

Sin preocuparme de las genealogías
ni de las terrestres confusiones
sobre sus más marinos destinos
y en la longitud brillante de la arena
me acerqué a ella para saludarla,
hundirme en su salada presencia
sus ojos pequeñísimos,
su coqueta y robusta anatomía.

THE WHALE

Gone astray, as in the dreams of love,
the whale arrived,
mysterious, confused
by her cape of blue desires,
and I began to see her teeth
as strings of beads
where prophecies were kept.

I didn't want to be like Jonah.
I thought it would be more than marvelous
to travel in the whale's silky bluish
flesh,
to float, a hybrid,
among sargasso
and seaweed.

Not bothering with geneologies
nor with terrestrial confusions
regarding her marine destinies,
I come near to greet her
on the brilliant stretch of sand,
submerge myself in her salty presence,
her tiny eyes,
her alluring and robust anatomy.

DELFINES

Amo a los delfines del río
afiebrados, graciosos,
con sus bocas ondulantes,
desterrados de los océanos,
eternos andariegos
de los ríos.

Amo a los delfines del río.
Inmersos en las ruedas del verano
se alzan
para celebrarse
y entrar
a la tierra
en sus espejos
de agua.

DOLPHINS

I love the river dolphins.
Mettlesome, amusing,
with their curving mouths,
exiled from the oceans,
destined to wander
the rivers
eternally.

I love the river dolphins.
Immersed in the wheel of summer
they rise up to rejoice
and to enter
the earth
through its mirrors
of water.

PECES

Saludo a los peces del mar
respetando su milenaria
genealogía,
sus danzas fugaces y suaves,
los colores que delatan
otros colores,
sus colas iridiscentes
parecidas a los cristales
de las adivinanzas.

Brindo un vaso
de agua
por todos los peces
todavía libres
por su elegante sangre fría
y sus simetrías perfectas.

FISH

I greet the fish of the sea
respecting their ancient
lineage,
their swift, smooth dances,
their colors that reveal
other colors,
their tails iridescent
like the crystal balls
of fortune tellers.

I lift a glass
of water
to all the fish
still free,
to their elegant, cold blood,
their perfect symmetry.

LAS ALGAS DEL OCEANO

Las algas del océano
parecidas a los cabellos de los enamorados
desparramándose en los vendavales
desdoblándose con la pisada de los inocentes y serios
navegantes.
Las algas del océano
tiernamente desplazadas
tiernamente inclinadas en las pisadas
del olvido
parecidas a las cosas blandas
a las lágrimas de los que viven en islas
o el final de los veranos
cuando los adolescentes
se desprenden
del amor.

OCEAN ALGAE

Ocean algae
like the hair of lovers
shed during windstorms
spread by footsteps of grave and innocent
voyagers.
Ocean algae
tenderly displaced
tenderly bent by footsteps
of oblivion
like soft things
like tears of island dwellers
or summer's end
when adolescents
slough off
love.

EXTRAÑEZAS

En las extrañezas,
en una oscuridad espesa que se atraviesa
la clarividente se extiende como si tuviera dolor.
Nacen páramos y ríos de la mano que toca
y con esa ternura de las sabias
ella canta, repite la suerte,
vendiendo ilusiones
y a la tristeza la llama
hilos de amor.

Al llegar a la línea de la vida,
o las historias de las reinas
sobre el mar,
la clarividente
alarga su mano
en la nuestra,
cada línea que dibuja
insinúa esa melodía posible.

En los extraños avatares
de las imprecisas ofrendas
o en los tributos de una era ambigua
la clarividente
con sus gestos,
trenza una rueda sideral
de la fortuna,
vende las ilusiones
de
la ilusion.

STRANGE PLACES

In strange places,
in a dense darkness that traverses itself,
the clairvoyant stretches out as if in pain.
Deserts and rivers are born in her touch
and with that tenderness of wise women
she sings, repeats our fortunes,
selling illusions
and sorrow that she calls
threads of love.

When she comes to the lifeline
or to stories of queens
upon the sea,
the clarivoyant stretches out
her hand in ours, each line
that she traces hinting
at a possible melody.

In strange manifestations
of imprecise offerings
or in tributes of an ambiguous time,
the clairvoyant
with her gestures,
weaves a sidereal
wheel of fortune,
sells illusions
of
the illusion.

ADIVINANZAS

Porque le enseñaron
a ser muda,
a recoger cenizas de viajeros insolentes,
porque le enseñaron a no gemir
en las noches de plenamar,
quiso ser adivina,
desengrenada poder
vender las palabras
de la suerte.

SORCERY

Because they taught her
to be silent,
to gather up the ashes of arrogant travelers,
because they taught her not to cry
during nights of high tide,
she wanted to be a sorceress,
free-wheeling, be able
to peddle destiny
with words.

SARGAZOS

Y entonces
el aroma, las olas,
haciendo un color de sol y maderas
ya nada me era extrañeza,
porque me movía
en memoria
a estos paisajes de agua
a la cercanía de las caletas
y a esos precisos impenetrables
viajes junto a la orilla de las costas
en busca de plumas
y la compañía
de las desprevenidas gaviotas,
y entonces supe que la lluvia
iba en mi alma
como un silencio
entonces supe que había llegado al mar,
el agua de la tierra muy
al alcance de mi mano,
y desperté en todas las patrias
en todos los sargazos.

SARGASSO FIELDS

And then,
the aroma, the waves,
making a color of sun and woods,
and nothing was strange to me any longer
because I moved
in memory
to those landscapes of water,
to the vicinity of fishing ports
and to those exact, impenetrable
voyages beside the coastline
in search of feathers,
the company of unwary gulls,
and I knew then that rain
was silently falling in my soul
and I knew I had reached the sea
the water of the earth very close,
in reach of my hand
and I awoke in the midst of all homelands,
amid all sargasso fields.

ISLAS
ISLANDS

Y si las islas fueran miradas
a mí me gustaría
ser la orilla redonda
de tus ojos.

And if islands were glances
I would like
to be the rounded shore
of your eyes.

UN MUJER DUERME EN UNA ISLA

Una mujer duerme en una isla
y del cabello nacen las moradas
de memorias y pájaros salvajes.
Su cuerpo es un mascarón de proa
y dicen que desde
que durmió en la isla
pareciera haber sido tocada por las lluvias
de la demencia, que su pelo florece en los atardeceres
junto a la música del mar. Otros dicen
que sus párpados dibujan mapas de extrañas geografías,
tatuajes salvajes que ella guarda sólo
en la redondez tenue del sueño.

Una mujer duerme en una isla
y deja de ser ella misma
libre ahora de la tierra.
Navega y bebe
la inmensidad del mar.
Las semillas llenan su pelo que flota
y ella es una isla
rodeada de estrellas.

A WOMAN SLEEPS ON AN ISLAND

A woman sleeps on an island
and from her hair is born the dwelling place
of memories and wild birds.
Her body is a figurehead,
and they say that since
she fell asleep on the island
she seems to have been been touched by the rains
of madness, that her hair blossoms each evening
next to the music of the sea. Others say
her eyelids trace maps of strange geographies,
savage tattoos kept only in the tenuous
circle of her dreams.

A woman sleeps on an island
and stops being herself,
free now of the land.
She sails and drinks
the vastness of the sea.
Seeds fill her floating hair;
she is an island
surrounded by stars.

NUPCIALIDADES

En la fosforecencia
del bosque
construimos la cabaña,
prometimos ser afiebrados
y simples como
las mariposas.

Juramos hacer
de las piedras,
un pequeño altar
y casarnos a la orilla de las brasas,
enterrarnos en las esquinas
de las orillas.
No quisimos levantar ciudades
alrededor de nuestros nombres
tan sólo unos puestos de papiros.

Hicimos los rituales de las hojas,
ningún cuchillo trepó por nuestros pies,
nunca supimos de dolencias,
prometimos esa humildad solidaria
y en las noches amarillas de estrellas
prometimos ser un solo brazo de agua,
un solo río.

NUPTIALS

In the phosphorescence
of the forest
we built a cabin
vowing to be ardent,
simple like
butterflies.

We swore to make
a small altar
of stones,
to marry beside the embers,
bury ourselves in niches
in the bank.
We had no wish to build cities
around our names,
only a few shelters of reeds.

We performed the ritual of the leaves,
no knives climbed over our feet,
we never knew pain,
promised mutual humbleness,
and in nights yellow with shooting stars
promised to be a single branch of water,
one single stream.

ABANICOS

Comienza como si el cuerpo mismo fuera un abanico,
las vestimentas, parecidas a los cascabeles
que irrumpen plácidos en la orilla de una cama,
ya, tan desnudos y adolescentes
él le muestra el mar
antes de amar,
el mar.

FANS

It begins as if the body itself were a fan,
the clothes like little bells
bursting peacefully onto the side of the bed,
now, so naked and so very young,
he shows her the sea
before love,
waves.

RAICES

Amenazando la raíz misma de la noche,
ellos se preparan para amarse junto al mar,
mirándose como si fueran a escribir una historia.
El agua viscosa los envuelve,
se tienden como si ya esta historia de una noche junto al
mar fuera una ausencia
y el cuerpo un epílogo sin hijos.

ROOTS

Threatening night's very roots,
they make ready to love one another beside the sea,
looking at each other as if to write a story.
The viscous water enfolds them.
They lie, as if that story of a night beside the sea
were already finished
and the body an epilogue without children.

AROMAS

Podíamos haber sido felices
mirando el mar,
confundiendo la configuración
de las nubes
con los espejos de agua.

Podíamos ser felices
enamorándonos ante
el contorno de azules
todo verde o río o luz
todo una fragancia de olas.

AROMAS

We could have been happy
gazing at the sea,
confusing the configuration
of the clouds
with mirrors of water.

We could have been happy
loving one another
before contours of blue,
everything green, or river, or light,
everything the fragrance of waves.

SUEÑO

Toda la noche acurrucados, durmiendo más allá de las colinas junto al mar y sus rugidos recortando la redondez misma del sueño marino. Toda la santa noche, tú y yo bebidos, por los confines del agua. Entonces, tu cuerpo se extiende como si fuera un río, y cuando te nombro, hago de tu boca una marea de ternuras. Tu risa está hecha de algas, y somos pájaros marinos reposados en la inmensidad de amarnos junto al mar, más allá de las colinas.

DREAM

All night huddled together, sleeping beyond the hills beside the sea, its roar cuts through the very circle of my ocean dream. All the blessed night long, you and I tipsy, beside the fringe of the water. Then your body spreads out as if it were a river, and when I call your name, I make of your mouth a tide of tenderness. Your laugh is made of algae, and we are seabirds resting in the immensity of loving each other beside the sea, beyond the hills.

RETORNOS

Y después de las amenazas,
los tiempos hundidos
por un lenguaje muerto,
ellos regresaban
en el resplandor.
Eran como un comienzo en la fragancia misma
del agua, eran tan hermosos mientras
jugaban en las espumas.

Ella se sacudió las heridas,
les secó los olores de la muerte.

Él le abrió el cabello
como si estuviera despedazando una ágata.

Jugaron a ser
los ríos,
a ser actinias
en la rosada textura
de las mejillas
del agua.

RETURN

And after the threats,
time drowned
by a dead language,
they came back
into radiant light.
Beginning in the very fragrance
of the water, they were
so beautiful cavorting in the spray.

She cleaned his wounds,
 wiped the odors of death away.

He parted her hair
as if he were splitting an agate.

They pretended to be
rivers,
sea anemones
in the rosy texture
of the water's
cheeks.

LOS TATUAJES DEL AMOR

Quería dormir con él, boca abajo,
y cercana al agua,
quería que él la imagínase
como un mar sin fondo,
quería ese musgo de las llanuras, asomándose
por los contornos de su piel,
quería ser poblada por los tatuajes del amor,
quería dormir con él y el mar
a la deriva.

TATTOOS OF LOVE

She wanted to sleep with him face down
near the water,
wanted him to imagine her
as a bottomless sea,
wanted that mossy plain to appear
along the contours of his skin,
to be covered by love's tatoos,
to sleep with him and the sea
and go adrift.

PIEDRA

La piedra recogida en
transparencia sujetaba
los cuerpos lacios,

y en un silencio de antiguos
sonidos
yo comenzaba a quererte,
dibujando paisajes
mientras me hablas,
de lo que no recordé
de lo que sólo soñé
de lo que la roca
en su historia
de profecías
guarda
bajo la almohada
del mar.

STONE

The stone gathered in
translucence bound together
our languid bodies

and in a silence of ancient
sounds
I began to love you,
sketching landscapes
while you talked to me
of things I didn't remember,
of things I only dreamed,
of things the rock
in its tale
of prophecies
keeps
beneath the pillow
of the sea.

ESPEJOS

Le prometió que sólo vería el mar
desde el balcón
durante esa inmensa noche honda, acuosa
de verano, que sólo
vería el mar como si ella
se desnudara sin deseo,
como si ella fuera la misma noche inquieta,
frente al mar.

MIRRORS

She promised him she would look at the sea
only from the balcony
on that immense and watery summer night,
would only look at the sea
as if shedding her clothes without desire,
as if she were the restless night itself,
face to face with the sea.

LA CASA JUNTO AL MAR

Piensa que sólo puede ser feliz
en la casa junto al mar,
piensa que tan sólo se puede ser feliz
desfigurándose enloquecida de tanto
mirar la madera flotante sobre el mar.

THE HOUSE BY THE SEA

She thinks she can be happy
only in the house by the sea,
thinks she can be happy only
being changed, maddened
by so much gazing
at the driftwood on the sea.

LENGUAJE

Tu lengua como un caminar descalzo
por los costados de la mía, tu lengua
acercándose
a los umbrales de mi boca
es una maleza muy suave, una caricia dulce,
tan dulce que clava.
Tu lengua desafiando las trastiendas
prohibidas de los labios columpiándose
por el cuerpo luminoso del amor.
Tu lengua haciendo prados por el rostro,
desfilando marina por el pecho
que descansa como si fuera
una planta de agua.
Tu lengua parecida a la imágen de la mía
a lo que es y se hace por un instante
musgos,
agua,
piedra.

LANGUAGE

Your tongue like a barefoot walk
along the coasts of mine, your tongue
approaching the threshold of my mouth
is a silky blade of grass, a caress so sweet
it clings. Your tongue defying prohibited
back rooms of the lips,
moving back and forth
over the body luminous with love.
Your tongue
creating meadows over the face, sailing,
shiplike, over the breast reposing beside you
like a water plant.
Your tongue, the image of my tongue,
becomes for a moment
moss,
water,
stone.

FALDAS ACUOSAS

Toda la noche, su falda se trastorna, surge
de sus piernas para convertirse en mareas brillosas
toda la noche ella y su falda
como si fuera una instancia de agua, una copa de luz
entre sus piernas que ruedan, que se fugan, que quieren
ser un chopo de agua
entre las verdosas algas de las tuyas.

Y en el lugar del amor,
en el lugar donde los cuerpos giraban
como dos lámparas ebrias y dulces,
quedaron las hendiduras del agua,
la memoria de una sangre anochecida
o la ausencia de dos cuerpos hundidos
entre los resquicios o los huesos
de la marea.

WATERY SKIRTS

All night long, her skirt, topsy-turvy, erupts
from her legs to turn into glittering tides,
all night long she and her skirt,
as if it were a watery request, a cup of light
between her legs, circling, fleeing, wanting
to become a water poplar
among your green algae.

And in the place of love,
in the place where bodies whirled
like two gentle drunken lights,
the fissures of water remained,
the memory of darkened blood
or the absence of two bodies
submerged between the crevices or bones
of the tide.

ZAMBULLIDA

Tu cuerpo
como lo que hay dentro
del agua,
profunda cercanía de la luz
parecida a los peces fosforecentes
en los sargazos de tu cabello.

PLUNGE

Your body
like what is inside
the water,
profound nearness of the light
resembling phosphorescent fish
in the seagrass of your hair.

CANCIÓN

Cuando te acercas al agua,
pareces una ola lisa,
me besas,
eres una espuma
estallando,
que trota, se mece
dentro de las mareas
y de los generosos sargazos.

SONG

Approaching the water
you resemble a smooth wave,
kissing me,
you are an exploding
spray,
cantering, rocking
with the tides
of the bountiful sea.

CARIDAD

Cuando mi hijo
nació
pedí una flor,
una luz,
un vaso
de agua.

CHARITY

When my son
was born,
I asked for a flower,
a light,
a glass
of water.

SONIDOS

José Daniel
oye con el alma
y habla con el aire.
Por eso repite alucinado
las ondulaciones del agua
y abre sus manos de mago
para acariciarla
tirar las piedras
al río
al mar,
a la orilla de los tiempos
como si estuviera nombrando
litorales
como si su voz fuera
un muelle que brilla
en cada sílaba
en cada agua que pronuncia.

SOUNDS

José Daniel
hears with the soul
and speaks with the air.
Beguiled, he mimics
the undulations of the water,
opens his magician's hands
to caress it,
to toss stones
at the river,
the sea,
the shore of time
as if he were dubbing
coastlines,
as if his voice were
a pier gleaming
in each syllable
in each body of water he pronounces.

ESTANQUES

Cuando José Daniel
dice *agua,*
sus manos inventan
remolinos
y puertos salvajes
donde hojas, trozos de árbol
giran obstinados.

Cuando José Daniel
juega con el agua,
la tierra
se levanta
para brindarle
saludos, ofrendas,
las anchas
costas del mar.

Cuando José Daniel
mira al agua
descubre al cielo
y en las piedrecillas
que recoge y tira
encuentra el secreto de las mareas
el perfecto sonido
de la mar.

POOLS

When José Daniel
says *water*
his hands invent
whirlpools
and wild ports
where leaves, driftwood
swirl insistently.

When José Daniel
plays with water
the land arises
to offer him
greetings, gifts,
the broad shores
of the sea.

When José Daniel
looks into water,
he discovers the sky
and in the pebbles
he gathers and throws
he finds the secret of tides,
the perfect sound
of the sea.

CUANDO JOSE DANIEL SUEÑA

Cuando José Daniel sueña,
sus ojos son dos islas oscuras
donde la memoria de la luz
sostiene el futuro.
Y es de cristal, paloma y río
me acerco a él
como si su presencia
fuera una incertidumbre
entre mis manos.
Entonces
lo beso
para sentir su aliento
y él lleva los olores del río
y el signo
del agua.
Es un faro
que marca
donde vamos,
un pueblo
marino inmenso
donde eramos.

WHEN JOSÉ DANIEL DREAMS

When José Daniel dreams,
his eyes are two dark islands
where the memory of light
holds the future.
He is crystal, dove and river,
and I come close to him
as if his presence
were an uncertainty
between my hands.
Then,
I kiss him,
feel his breath,
and he
carries the scents of the river
and the sign of water.
He is a beacon
that marks
where we are going,
the immense marine village
where we have been.